DATE DUE	BORROWER'S NAME	ROOM NO

Caminando por la comunidad

Una comunidad granjera

Peggy Pancella

Heinemann Library
Chicago, Illinois

© 2006 Heinemann Library
a division of Reed Elsevier Inc.
Chicago, Illinois

Customer Service   888–454–2279

Visit our website at www.heinemannlibrary.com

Translation into Spanish produced by DoubleO Publishing Services
Photo research by Jill Birschbach
Designed by Joanna Hinton-Malivoire and Q2A
Printed in China by South China Printing Co.

10 09 08 07 06
10 9 8 7 6 5 4 3 2 1

Library of Congress Cataloging-in-Publication Data
Pancella, Peggy. [Farm community. Spanish]
  Comunidades agrícolas / Peggy Pancella.
     p. cm. -- (Caminando por la comunidad / Peggy Pancella)
  Includes bibliographical references and index.
  ISBN 1-4034-6233-X (hb : library binding) -- ISBN 1-4034-6239-9 (pb)
  1. Sociology, Rural--Juvenile literature.   2. Farm life--Juvenile literature.   I. Title.
  HT421.P2618 2006
  307.72--dc22

                          2005027537

Acknowledgments
The author and publisher are grateful to the following for permission to reproduce copyright material:
Corbis p. 25 (Tim Wright); Getty Images/Image Source p. 26; Heinemann Library pp. 4 (top & bottom, Jill Birschbach), 5 (top & bottom, Robert Lifson), 6 (Jill Birschbach), 7 (Jill Birschbach), 8 (Jill Birschbach), 9 (Jill Birschbach), 10 (Jill Birschbach), 11 (Jill Birschbach), 12 (Jill Birschbach), 13 (Greg Williams), 14 (Jill Birschbach), 15 (Scott Braut), 16 (Jill Birschbach), 17 (Jill Birschbach), 18 (Rudi Von Briel), 19 (Jill Birschbach), 20 (Jill Birschbach), 21 (Jill Birschbach), 22 (Jill Birschbach), 23 (Jill Birschbach), 24 (Jill Birschbach), 29 (Robert Hashimoto); Photo Edit, Inc. 27 (David Young-Wolff), 28 (Robert Brenner)

Cover photograph reproduced with the permission of Getty (Stone/Mitch Kezar)

Every effort has been made to contact copyright holders of any material reproduced in this book. Any omissions will be rectified in subsequent printings if notice is given to the publisher.

Algunas palabras aparecen en negrita, **como éstas**.
Puedes averiguar lo que significan en el glosario.

Contenido

Vamos a visitar una comunidad granjera

En todos los lugares la gente vive en **vecindarios.** Un vecindario es una parte pequeña de una **comunidad** más grande, como una ciudad o un pueblo. La gente y los lugares de un vecindario ayudan a hacerlo especial.

4

Algunos vecindarios son comunidades granjeras.
Una comunidad granjera incluye un pueblo y
las granjas de sus alrededores. Puede haber cientos
o miles de personas. La gente y los lugares
usualmente están dispersos por una gran área.

Hogares

Algunas casas están cerca, otras están muy lejos.

Las **comunidades granjeras** tienen muchos tipos de hogares. La gente que vive en granjas usualmente vive en casas rodeadas de mucho terreno. Algunas personas viven en casas cerca del pueblo. A menudo también tienen patios grandes.

La gente en comunidades granjeras también pueden vivir en **casas móviles** o tráilers. Estas casas a menudo se establecen en grupos fuera del pueblo. En el pueblo, mucha gente vive en apartamentos construidos sobre tiendas.

Las casas móviles pueden moverse pero usualmente están en un sitio fijo.

Transporte

Los lugares en las **comunidades** granjera usualmente están dispersos, así que la gente a menudo usa carros para moverse. Los trabajadores de las granjas también usan camiones, tractores y caballos.

Las carreteras de una comunidad agrícola atraviesan muchos campos.

Los trenes pueden transportar muchos tipos de productos en un solo viaje.

En el pueblo, la gente a menudo camina o va en bicicleta para viajes cortos. Los camiones grandes y trenes pueden también viajar por el pueblo. Recogen **cultivos** y otros productos de las granjas. Llevan estas cosas para venderlas en la ciudad.

Escuelas

Las escuelas en las comunidades granjeras a menudo tienen mucho espacio para grandes áreas de recreo.

Las **comunidades granjeras** tienen poca gente, así que necesitan pocas escuelas. A veces sólo hay un edificio para todos los estudiantes de la escuela, desde primaria a secundaria.

Algunas comunidades granjeras no tienen suficientes niños para llenar una escuela. Pueden compartir una escuela con un pueblo cercano. Algunos estudiantes tienen que viajar lejos para llegar a la escuela. A menudo viajan en autobuses escolares o carros.

Los autobuses pueden recoger a los niños que viven lejos de la escuela.

Trabajar

En las **comunidades granjeras**, la mayoría de los trabajos tiene que ver con la agricultura. Los granjeros plantan **cultivos** y crían animales. Algunos trabajadores venden máquinas para la granja y suministros. Otros ayudan a los granjeros a comprar y vender sus animales y cultivos.

Los granjeros utilizan máquinas especiales para plantar y recoger los cultivos.

Algunos trabajos,
como ordeñar las
vacas, deben
hacerse a diario.

Hay mucho trabajo que hacer en las granjas.
Incluso los niños pueden cuidar a los animales o
ayudar en los campos. Otras personas trabajan en
tiendas, restaurantes y negocios en el pueblo.
Algunos trabajadores se juntan y van al trabajo en
el mismo carro a pueblos más grandes o a una
ciudad cercana.

Mantener la seguridad

Algunos trabajadores ayudan a mantener la seguridad en las **comunidades granjeras**. Una comunidad granjera usualmente sólo tiene algunos oficiales de la policía. Usan carros para **patrullar** el área porque los lugares están muy dispersos.

La policía, los bomberos y los servicios de emergencia pueden compartir un edificio.

Algunos trabajadores son **voluntarios**. Trabajan solamente cuando se les necesita.

Las comunidades granjeras también pueden tener pocos bomberos y servicios de **emergencia**. Cuando ocurren problemas graves, llaman a más trabajadores de comunidades cercanas para ayudar.

Ir de compras

La mayoría de las tiendas en una **comunidad granjera** están en el centro del pueblo. Usualmente hay un **distrito comercial** a lo largo de la carretera principal. Aquí las pequeñas tiendas venden ropa, suministros para las granjas y otros objetos.

El distrito comercial incluye todo tipo de tiendas.

Hay más espacio para tiendas más grandes fuera del pueblo.

A veces hay otras tiendas fuera del pueblo. Las tiendas más grandes venden muchos tipos de productos. La gente en las comunidades granjeras a veces tiene que visitar pueblos más grandes para encontrar todo lo que necesita comprar.

17

Comida

Los granjeros pueden poner puestos para vender lo que cultivan.

Muchos granjeros cultivan frutas, verduras o cereales. Algunos crían vacas lecheras o pollos para obtener huevos. Otros venden sus animales para que sirvan de comida. Estos productos alimentan a la gente por todo el país y por todo el mundo.

Los supermercados pequeños en el pueblo y los grandes supermercados fuera del pueblo también venden comida. El pueblo usualmente también tiene sitios donde ir a comer.

A menudo las comunidades granjeras tienen un restaurante en el centro del pueblo.

Bibliotecas

Algunas **comunidades granjeras** tienen sus propias bibliotecas. Dos o más comunidades vecinas también pueden compartir una biblioteca. Algunos pueblos no tienen biblioteca alguna. Pueden tener un **biblioteca ambulante** que les lleva cosas para leer.

Las bibliotecas en las comunidades granjeras son usualmente pequeñas.

Los bibliotecarios ayudan a la gente a buscar libros e información.

Estas bibliotecas y bibliotecas ambulantes a menudo no tienen muchos libros. Pueden pedir prestados libros a bibliotecas en otros pueblos. Los bibliotecarios también pueden usar computadoras para buscar la información que la gente necesita.

Dinero y correo

Los cajeros automáticos hacen que ir al banco sea rápido y fácil.

Una **comunidad** granjera puede tener solamente uno o dos bancos. Mucha gente puede hacer negocios dentro o usar un autobanco o un **cajero autómatico**. Los bancos a veces **prestan** dinero a granjeros para que puedan comprar máquinas y suministros.

También hay usualmente una oficina de correo en el pueblo. En ella, la gente puede enviar cartas y paquetes o recoger su correo. Los carteros conducen carros para repartir la mayoría del correo porque los hogares a menudo están lejos.

Mucha gente tiene sus buzones de correo a un lado de la carretera.

Otros lugares en una comunidad granjera

Una **comunidad granjera** también tiene otros edificios importantes. Puede haber un **ayuntamiento** donde se reúnen los líderes del **gobierno**. También puede haber iglesias, templos y otros lugares para servicios religiosos.

Los líderes hacen planes y reglas para la comunidad granjera en el ayuntamiento.

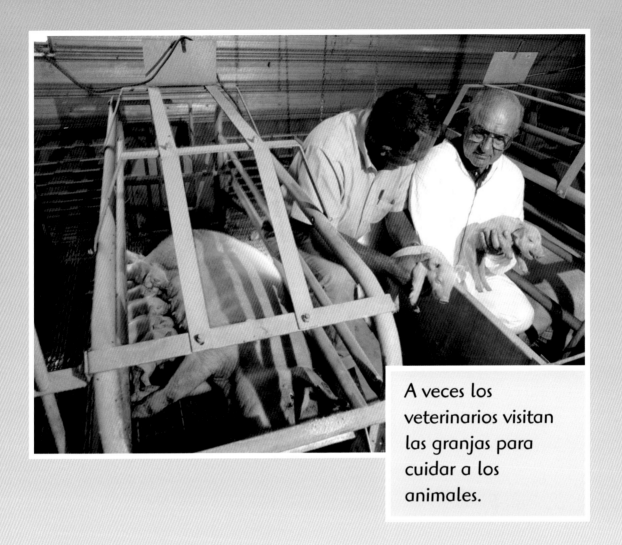

A veces los veterinarios visitan las granjas para cuidar a los animales.

La gente que necesita atención médica puede ir al consultorio médico. El hospital más cercano usualmente está en una ciudad o en un pueblo más grande. La mayoría de las comunidades granjeras también tienen **veterinarios**. Estos doctores cuidan a los animales enfermos o heridos.

Divertirse

A la gente en las **comunidades granjeras** le gusta descansar con sus familias y amigos. A veces juega en sus propias granjas. También puede gustarle las actividades al aire libre como la caza, la pesca, ir en caminatas o montar a caballo.

Mucha gente disfruta pescando en los lagos, estanques y ríos.

Algunas comunidades granjeras tienen sus propios equipos de deporte.

A menudo hay parques o campos para jugar pelota en el pueblo o cerca. Muchos pueblos también tienen teatros donde la gente puede ver películas u oír conciertos de música. A veces la gente también viaja a la ciudad para actividades especiales.

Se juntan en la comunidad granjera

La comunidad granjera se fortalece cuando todo el mundo pone de su parte.

A menudo las personas en las comunidades **granjeras** se ayudan unas a otras. Pueden trabajar juntas para recoger los **cultivos** o cuidar de los animales. También pueden compartir comida y suministros con personas necesitadas.

Muchas comunidades granjeras celebran ferias o **rodeos**. La gente muestra sus animales y vende cosas que han cultivado o fabricado. Comparten comida, música, juegos y diversión. Todas estas cosas hacen de las comunidades granjeras un lugar muy bueno para vivir.

En el rodeo, la gente muestra qué tan bien puede montar y manejar a los animales.

Glosario

ayuntamiento   edificio donde se reúnen los líderes de una comunidad agrícola

biblioteca ambulante   autobús o camioneta que lleva libros de la biblioteca a la gente en distintos lugares

bibliotecario   alguien que trabaja en una biblioteca

cajero automático   máquina de un banco que la gente usa para depositar y retirar dinero

casa móvil   casa grande en un tráiler que se puede mover pero usualmente está en un sitio fijo

comunidad   grupo de personas que vive en un área, o el área en la que vive

cultivo   comida que se produce en una granja

distrito comercial   área en el centro de un pueblo donde hay muchos negocios

emergencia   algo que ocurre de repente y te hace actuar rápidamente

gobierno   gente que hace reglas para una comunidad, o las reglas que hace

patrullar   moverse por un área para mantenerla segura

prestar   dejar a alguien usar algo durante un tiempo antes de que lo devuelva

rodeo   mostrar en público habilidades especiales como montar a caballo o enlazar ganado

vecindario   área pequeña de una ciudad o pueblo

veterinario   doctor que cuida de los animales

voluntario   persona que se ofrece a hacer un trabajo, a menudo sin sueldo

Otros libros para leer

Denou, Violeta. *Teo y sus abuelos*. Timun Mas, 1992.

Madrigal, Sylvia. *Granjas*. Hampton-Brown, 1992.

Stone, Lynn M. *Crecer en una granja*. Rourke Enterprises, 2001.

Índice